JN304059

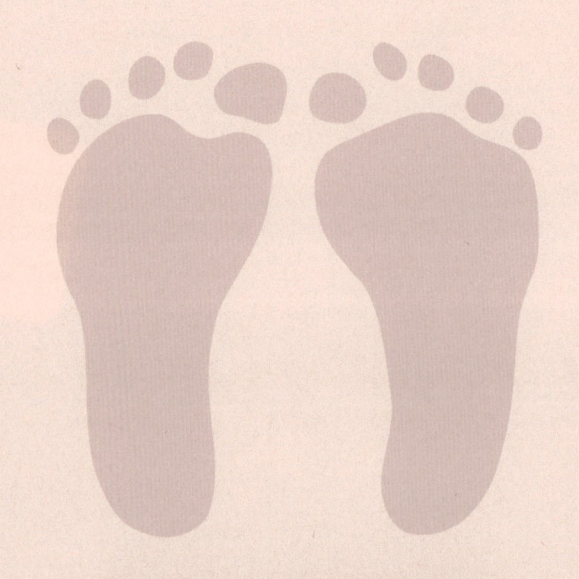

生まれたときの足形

年　月　日

こんにちは赤ちゃん

いわさきちひろ 絵／黒柳徹子 構成・文
ちひろ美術館・協力

こんにちは赤ちゃん！
生まれてきて、おめでとう！！
この一冊が、あなたの宝物になることを
信じています。
これは、あなたが生まれてきて愛された、
あかしなのですから。

黒柳徹子

岩崎書店

生まれたとき
When you were born

年　　　月　　　日　　　時　　　分　（天気　　　　）
Date　　　　　　　　　　　Time　　　　　　　Weather

身長 / Height　　　　　　センチ / cm

体重 / Weight　　　　　　グラム / g

生まれたときの様子
What you were like

お世話になった人
Who took care of you

そのときの一言があれば。
（例えば助産師さんの「大きな、お子さんですよ」とか）

名前
Your name

名前がきまるまで
Story of naming

どうして、この名前をつけたのか、とか、誰がつけたのか、とか。また、そのときの、印象的なことがあったら。

ママやパパの決心
Parents' wishes

1年たったら、かわってるかも知れないけど、「いよいよこれから」というときの気持ちを書いておくのも、いいかも知れません。

❼

家族
Your family

名前と、ついでにお年も？　お祖父さんとか、お祖母さんなど生まれるのを待ってくれていた人たちも。犬や猫も、もしいたら、名前を書いといてあげると、いいと思います。

（　　　歳）　　　　　　　　　　（　　　歳）
_____　　　　　_____

（　　　歳）　　　　　　　　　　（　　　歳）
_____　　　　　_____

（　　　歳）　　　　　　　　　　（　　　歳）
_____　　　　　_____

（　　　歳）　　　　　　　　　　（　　　歳）
_____　　　　　_____

Photo

家族からのメッセージ
Messages from your family

会いにきてくれた人
Visitors

月日	名前	メモ プレゼントなど、あったら。

寄せ書き
Greetings from visitors

くださる方があったら、
お言葉、ここに！

生まれた頃の世の中の様子
The world around you

⑫

新聞の切り抜きなどをはってもいいですね。流行っていた歌とか、映画とか、ベストセラーの本とか、思いついたこと、何でも。

おなかの中にいた頃
When you were in my tummy

病院でもらっても。または、
お腹の大きいママの写真でも。

Photo

はじめて動いたとき・誕生を待つママの気持ち
What I thought while waiting for your birth

はじめての
12か月

はじめてのこと
Your "first" things

誰に、どこで、とか そのときの様子をメモしておいてください。

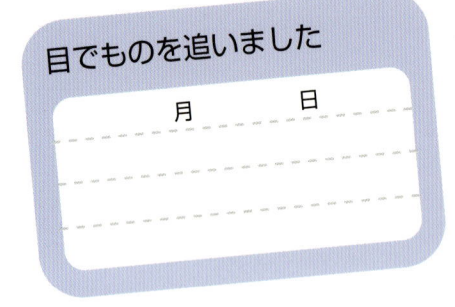

声のほうをふりむきました
　　　月　　　日

目でものを追いました
　　　月　　　日

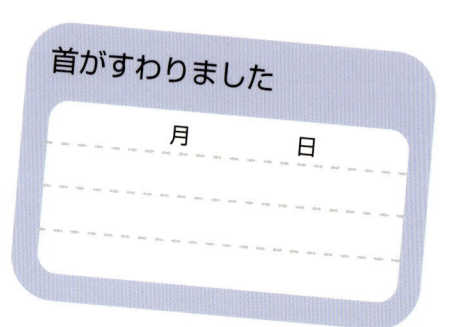

首がすわりました
　　　月　　　日

つめをきりました
　　　月　　　日

笑いました
　　　月　　　日

ねがえりをうちました
　　　月　　　日

話すような声を出しました
　　　月　　　日

- はいはいを、しました
  月　　日

- バイバイができました
  月　　日

- おすわりしました
  月　　日

- 人見知りしました
  月　　日

- 髪をきりました
  月　　日

- つかまり立ちしました
  月　　日

- 歯が生えてきました
  月　　日

- ひとりで立てました
  月　　日

1 か月
month old

> 赤ちゃんの様子やママの気持ちとか、あとで忘れたくない！と思われることを、何でも書くページです。

2 か月
months old

3・4 か月
months old

21

5~8 か月
months old

㉓

9~12 か月
months old

㉕

はじめてかいた絵
Your first drawing

> クレヨンなどを持たせて、自由にかいてもらってください。色も、えらばせたら面白いと思います。

こんなことがすき
Your favorites

お気に入りのあやしかた、
おもちゃ、絵本、うたってあげた歌など

かわいいくせ
Your sweet habits

すきな食べもの
Foods you like

にがてなものや食べもの
Things you don't like

（でも、うまく食べさせる
ように工夫してくださいね）

お話
Baby talk

赤ちゃんは、何かのジェスチャーで、しゃべれないけど、気持ちを表しているようです。早く、それを見つけられるといいのですが。

いちばん最初に、しゃべった言葉
Your first word

こんなことをして、あそんだ
Your pastimes

おでかけ
Outings

どこに、一番最初に出かけましたか？ そのあとの、おでかけの場所。会った人、赤ちゃんに話しかけた言葉。例えば「あの犬には、これからも、ときどき会うと思うわよ」とか。

㉝

1歳のお誕生日
Your first birthday

> ハッピーバースディは、こんなふうでした。

Date　　年　　月　　日　（天気　　　）
　　　　　　　　　　　　　Weather

身長　　　　　　　　　センチ
Height　　　　　　　　　cm

体重　　　　　　　　　グラム
Weight　　　　　　　　　g

記念の写真が、あったら。

Photo

1歳おめでとう
Happy birthday

家族からのメッセージ

お母さんへ

　忙しい中で大変とは思いますが、赤ちゃんの一生の記念になるものなので、なんとか、書き込んだり、色々して頂けると、私もうれしいです。

　出来るだけ、簡単にしました。

　でも、赤ちゃんを持ったことのあるお母さん達の意見もとり入れました。私は、生まれたあたりと、その少しあとのことだけでいいと思いましたが、経験者は、一歳になるまでの頁があった方が絶対にいい！　というので、そのようにしてみました。

　私の時代はこういうものがなかったので、生年月日は、はっきりしているのですが、時間となると、はっきりしません。

　私は、生まれようと決めてからグズグズして、ちょっと出たり、もどったり。まる一日も生まれるのにかかったそうです。八月という夏の盛りに、しかも若い母にとっては、初めての赤ちゃんだったのです。やっと生まれた時は、顔が七福神の福禄寿(ふくろくじゅ)のように長くなっていて、景気よく「オギャー！！」と泣かず、お医者さまが振りまわしたら、やっと「ギュフ〜〜」といったそうです。そんな訳で母にとっては、生んだ時が昼だったのか、夜だったのか、記憶が、さだかではないのです。

　また名前についても、みんなが男の子だろうというので、父は「徹(とおる)」とつけようと待ちかまえていました。ところが生まれたらば、女の子だったのです。父は「じゃ、子をつければいい」といいました。母は（もう少し

女の子らしい名前がいいのに……）と思ったそうですが、結局、そのままで「徹子」になりました。こういうことも、あとから聞かなければ、わからないことでした。

　ちひろさんは、赤ちゃんを描くのが天才的に上手な画家でした。世界でも、五ヶ月の赤ちゃんと、九ヶ月の赤ちゃんを描き分けられる画家が、何人いるでしょうか。

　日本は世界で一番、赤ちゃんが元気に育つ国です。これは誇りにしたいと思います。私が会いに行く国々の赤ちゃんは、生まれた時から、困難の中にいます。日本の赤ちゃんは、せっかく、平和で、しあわせの中に生まれたのですから、大きな希望を持って、自由で、のびのびと大きく育ってほしいと、心から願っています。

　この本を買って頂いたら、そういう発展途上国の子どものために使ってと、ユニセフに寄付するようにいたしました。ですから、あなたの赤ちゃんは、生まれた時から、世界中の子どもに、手をさしのべることになるのです。

　世界の子どもと手をつないで「一緒にやっていこうね」という風に。これが私の夢なのです。

　どうぞお元気で！　おめでとう！

黒柳徹子
（女優・ユニセフ親善大使・ちひろ美術館東京　館長）

いわさきちひろ

1918年福井県に生まれ、東京で育つ。子どもを生涯のテーマとして描き、9300点余の作品を残す。1974年55歳で没。代表作に『おふろでちゃぷちゃぷ』(童心社)、『ことりのくるひ』(至光社)、『戦火のなかの子どもたち』(岩崎書店)、画集に『ちひろ美術館』(講談社)『いわさきちひろ作品集』(岩崎書店)など。1977年自宅跡にちひろ美術館、1997年に安曇野ちひろ美術館開館。

黒柳徹子（くろやなぎてつこ）

東京生まれ。NHK専属のテレビ女優第1号。「徹子の部屋」などテレビ番組に多数出演する一方、舞台女優としても活躍中。1984年よりユニセフの親善大使として、飢餓、戦争、病気に苦しむ世界の子どもたちを訪ね、実情を伝える活動を続けている。『窓ぎわのトットちゃん』『トットちゃんとトットちゃんたち』(講談社)、『トットチャンネル』(新潮社)など著書多数。毎日芸術賞、読売演劇大賞など賞も多く受けている。ちひろ美術館・東京館長。

○ちひろ美術館・東京
〒177-0042　東京都練馬区下石神井4-7-2
TEL03-3995-0820（テレホンガイド）
西武新宿線上井草駅下車徒歩7分

○安曇野ちひろ美術館
〒399-8501　長野県北安曇郡松川村西原
TEL0261-62-0777（テレホンガイド）
JR大糸線信濃松川駅よりタクシー3分
http://www.chihiro.jp/

○この本の著者の印税および売り上げの一部は、ユニセフ駐日事務所を通じて、子どもたちのために使われます。

初出一覧

表紙	アヒルとクマとあかちゃん 1971年
P3	タンポポ電話局『もしもしおでんわ』童心社 1970年
P4	チューリップとあかちゃん 1971年
P7	お母さんと湯あがりのあかちゃん 1971年
P9	赤と黄色のひなげし 1971年
P11	子犬のぼうけん（部分）1969年
P15	チューリップと子ども 1970年頃
P16	ガラガラを持つあかちゃん『わたしのえほん』新日本出版社 1968年 あかちゃん 1972年／スプーンを持つあかちゃん 1972年
P17	両手を前につくあかちゃん／あかちゃんのくつ／ナフキンを首にまいたあかちゃん／身をのりだすあかちゃん　いずれも 1972年
P18	湯あがりのあかちゃん 1971年
P19	「おむつをかえましょう」『あかちゃんのうた』童心社 1971年
P21	たんぽぽとうさぎ 1969年
P23	おすわりしたあかちゃん 1971年
P24	青い小鳥 1971年
P25	ピンクのうさぎとあかちゃん 1971年
P29	くまちゃん『あかちゃんのくるひ』至光社 1969年
P30	おふろに入るあひる『おふろでちゃぷちゃぷ』童心社 1970年
P31	見つめあうライオンと女の子 1971年
P33	蝶と乳母車に乗ったあかちゃん 1971年
P35	赤い鳥 1971年
P37	蝶とあかちゃん 1971年
後ろ表紙	青い花と小鳥と子ども（部分）1972年

こんにちは赤ちゃん

2003年11月10日　第1刷発行　　2019年10月15日　第15刷発行

絵	いわさきちひろ
構成・文	黒柳徹子
協力	ちひろ美術館
デザイン	井川 啓
発行者	岩崎弘明
発行所	株式会社岩崎書店

〒112-0005　東京都文京区水道1-9-2
電話　03(3812)9131(営業)　03(3813)5526(編集)　振替　00170-5-96822
印刷　株式会社精興社
製本　小高製本工業株式会社
©Chihiro Art Museum/Tetsuko Kuroyanagi 2003
Published by IWASAKI Publishing Co., Ltd. Printed in Japan
ISBN978-4-265-80124-4
岩崎書店ホームページ　http://www.iwasakishoten.co.jp
ご意見ご感想をお寄せ下さい　E-mail:info@ iwasakishoten.co.jp

本書のコピー、スキャン、デジタル化等の無断複製は著作権法上での例外を除き禁じられています。本書を代行業者等の第三者に依頼してスキャンやデジタル化することは、たとえ個人や家庭内での利用であっても一切認められておりません。

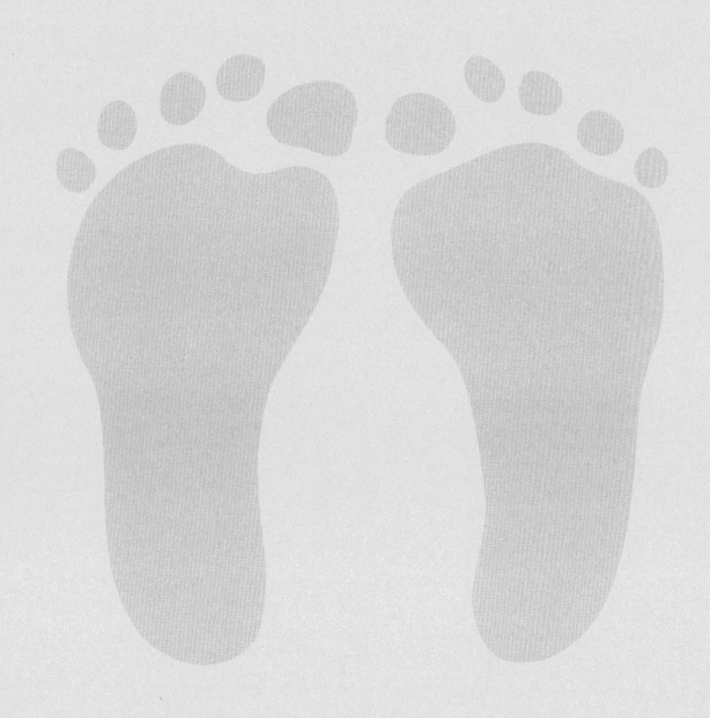

1歳のときの足形

年　月　日